基本笔画摘要

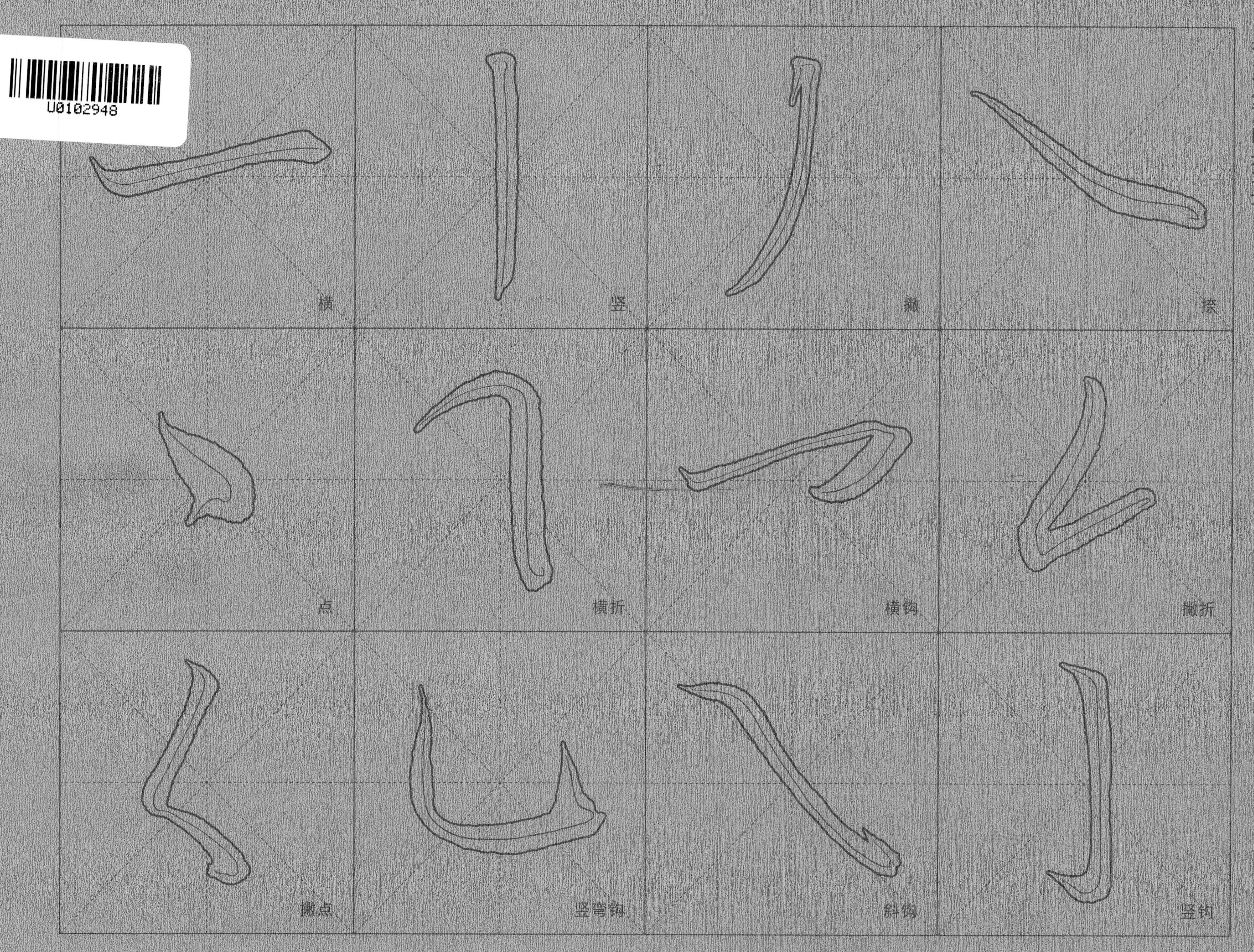

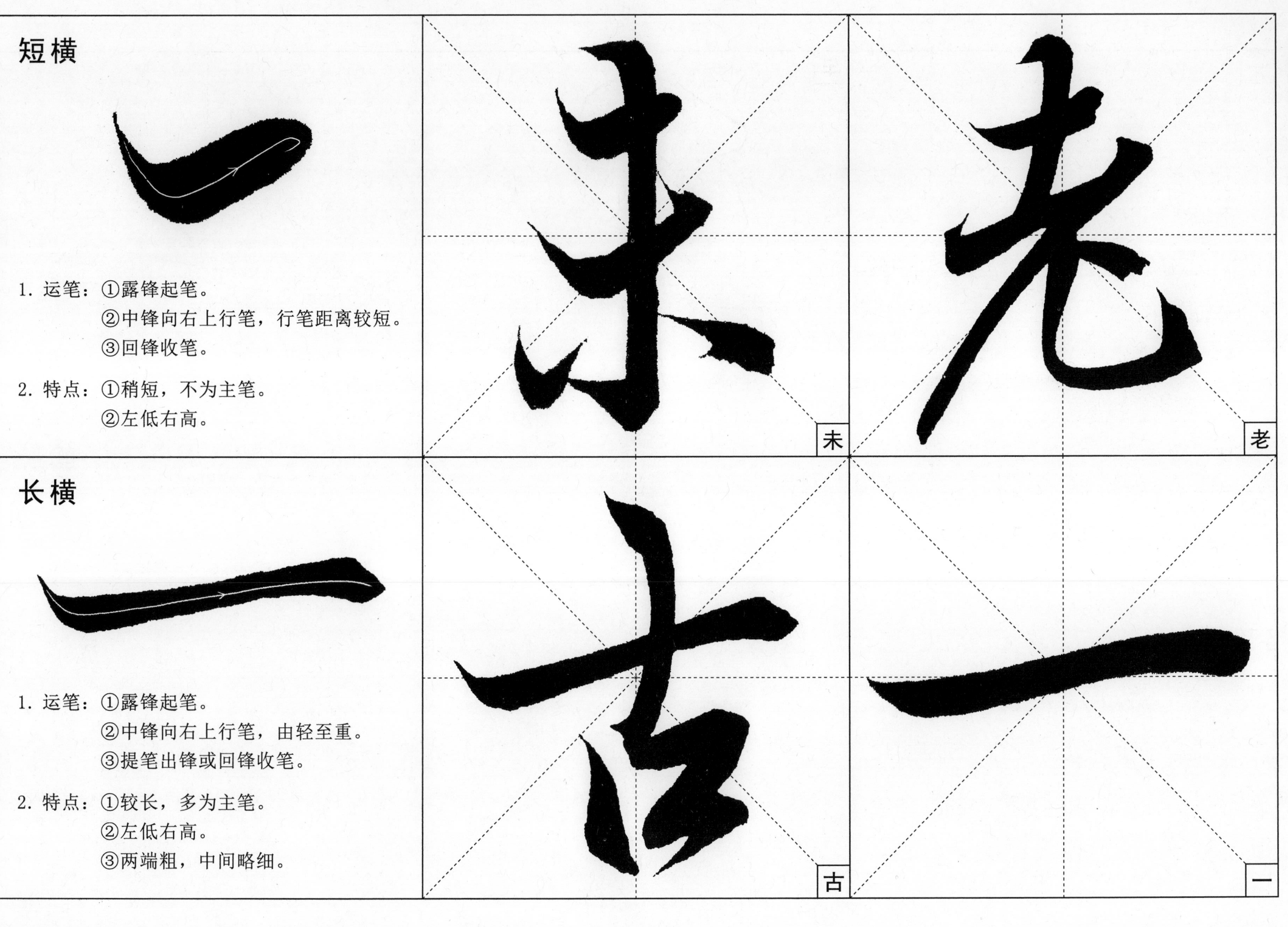

短横

1. 运笔：①露锋起笔。
 ②中锋向右上行笔，行笔距离较短。
 ③回锋收笔。
2. 特点：①稍短，不为主笔。
 ②左低右高。

长横

1. 运笔：①露锋起笔。
 ②中锋向右上行笔，由轻至重。
 ③提笔出锋或回锋收笔。
2. 特点：①较长，多为主笔。
 ②左低右高。
 ③两端粗，中间略细。

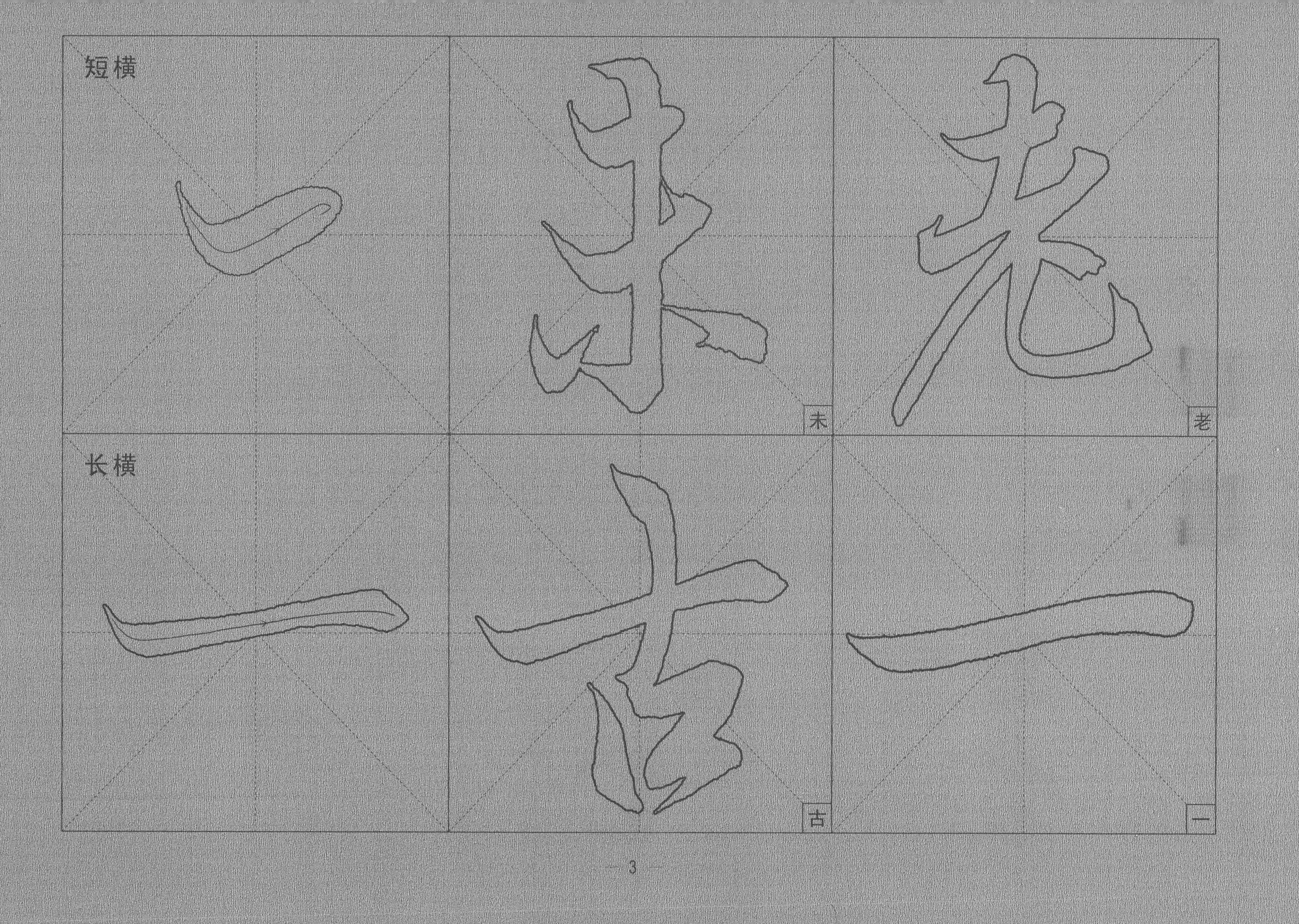
短横
未
老
长横
古
一

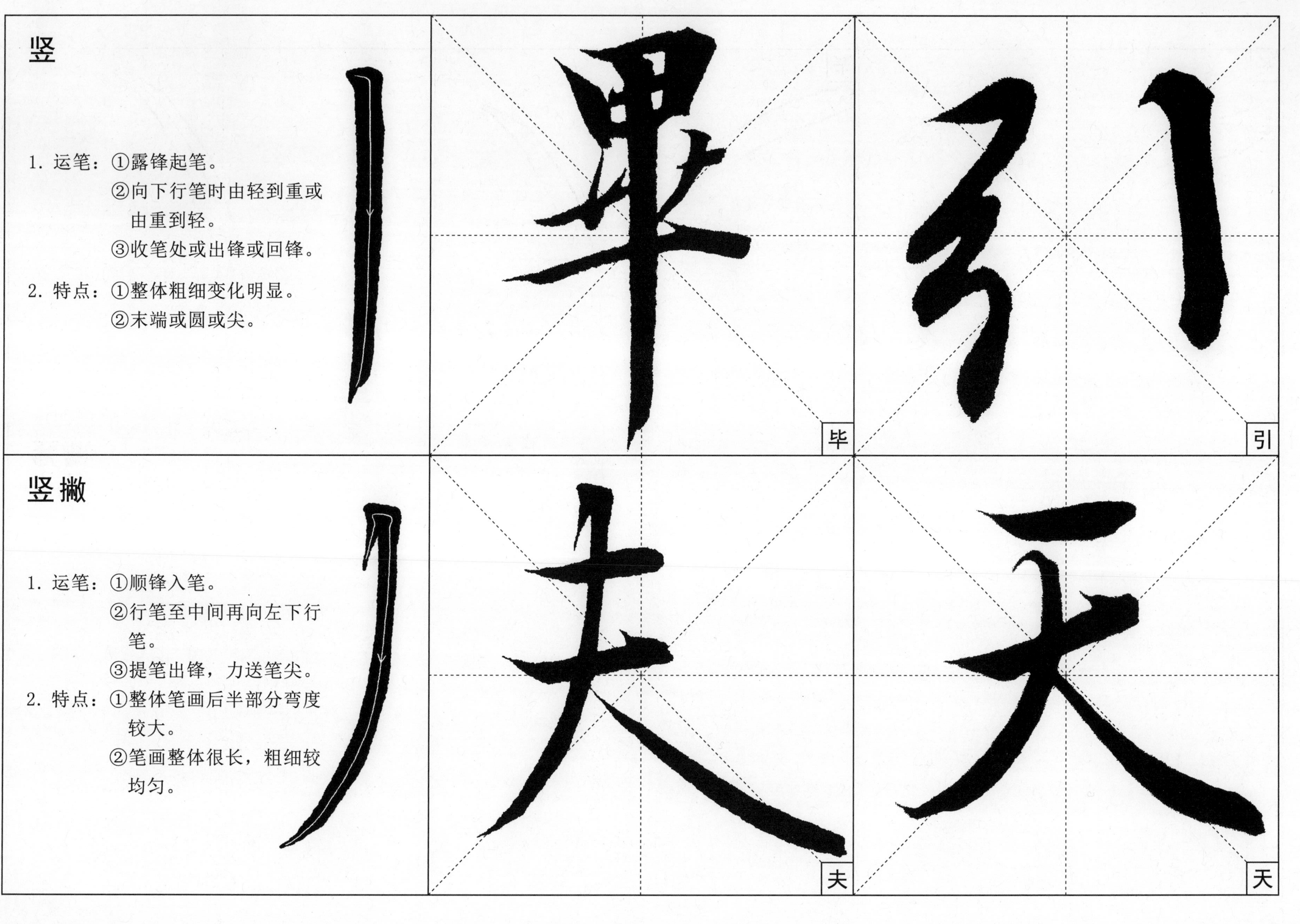

竖
1. 运笔：①露锋起笔。
②向下行笔时由轻到重或由重到轻。
③收笔处或出锋或回锋。
2. 特点：①整体粗细变化明显。
②末端或圆或尖。
毕
引
竖撇
1. 运笔：①顺锋入笔。
②行笔至中间再向左下行笔。
③提笔出锋，力送笔尖。
2. 特点：①整体笔画后半部分弯度较大。
②笔画整体很长，粗细较均匀。
夫
天

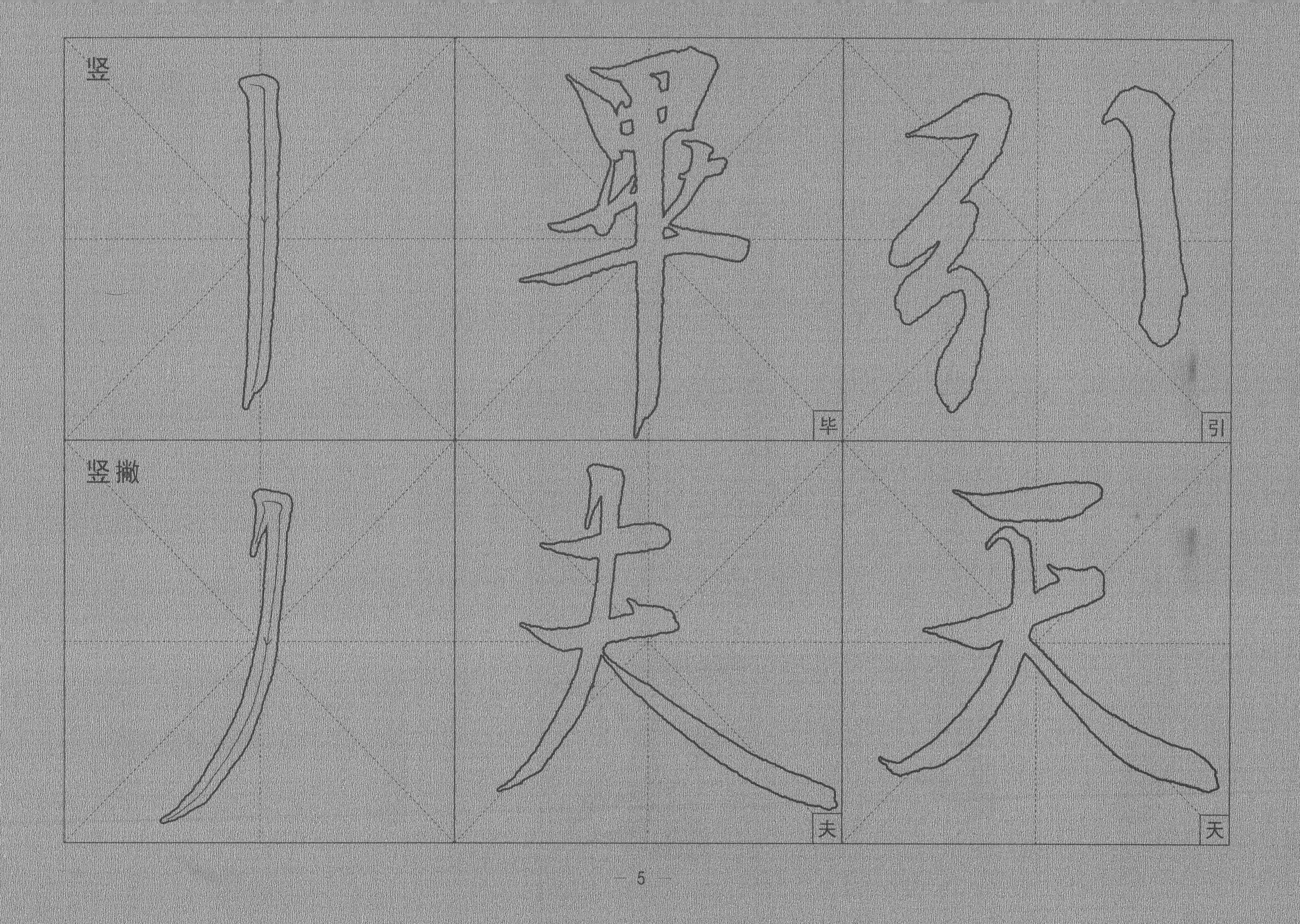
竖
毕
引
竖撇
夫
天

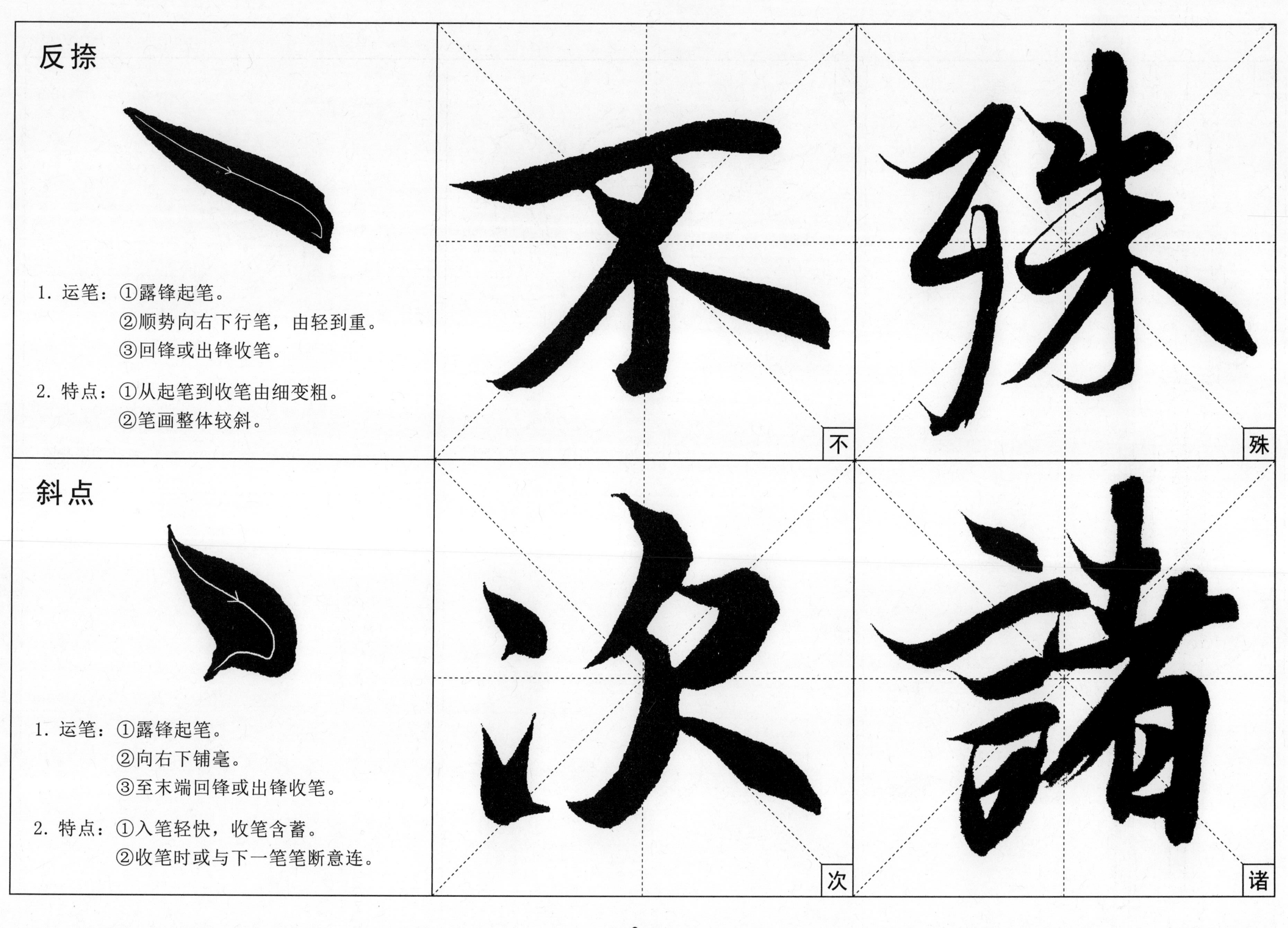

反捺

1. 运笔：①露锋起笔。
 ②顺势向右下行笔，由轻到重。
 ③回锋或出锋收笔。
2. 特点：①从起笔到收笔由细变粗。
 ②笔画整体较斜。

斜点

1. 运笔：①露锋起笔。
 ②向右下铺毫。
 ③至末端回锋或出锋收笔。
2. 特点：①入笔轻快，收笔含蓄。
 ②收笔时或与下一笔笔断意连。

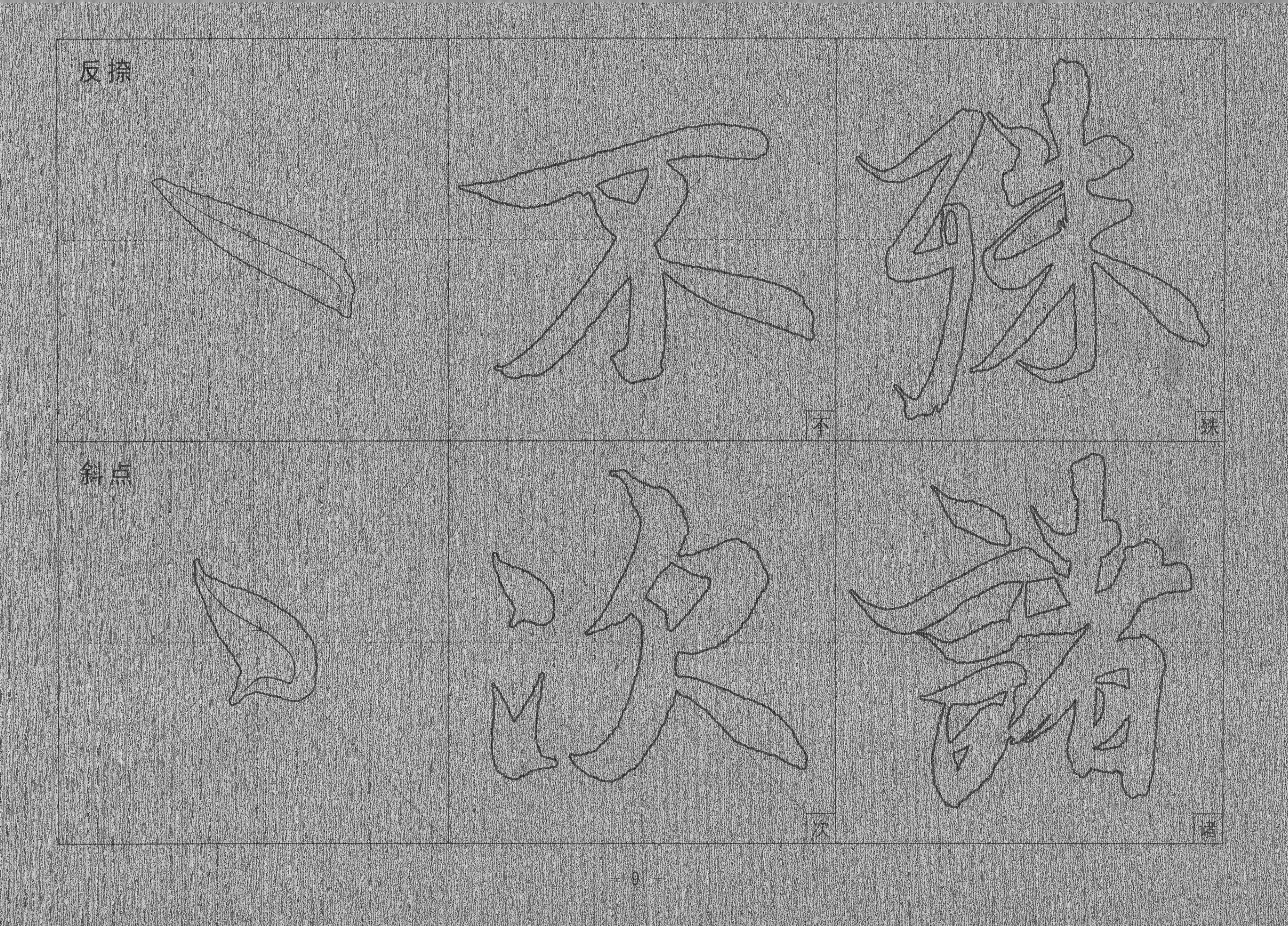
反捺
不
殊
斜点
次
诸

挑点

1. 运笔：①露锋起笔。
 ②顺势行笔，调锋向右上挑出。
2. 特点：收笔出锋时或长或短，一般与其他点画配合使用。

况　以

撇点

1. 运笔：①露锋起笔。
 ②先向左下行笔写撇，写点时需先回锋再向右下行笔。
 ③末端稍顿，回锋收笔。
2. 特点：①写点画时与下一笔意连。
 ②重心在下。

娱　妄